J'HABITE OÙ?

DANS UN PAYS

Un livre de la collection Les racines de Crabtree

ALICIA RODRIGUEZ

CRABTREE Publishing Company
www.crabtreebooks.com

Soutien de l'école à la maison pour les parents, les gardiens et les enseignants

Ce livre aide les enfants à se développer grâce à la pratique de la lecture. Voici quelques exemples de questions pour aider le lecteur ou la lectrice à développer ses capacités de compréhension. Les suggestions de réponses sont indiquées en rouge.

Avant la lecture

- De quoi ce livre parle-t-il?
  - *Je pense que ce livre explique à quoi ressemble un pays.*
  - *Je pense que ce livre parle des parties d'un pays.*
- Qu'est-ce que je veux apprendre sur ce sujet?
  - *Je veux savoir à quoi ressemble un pays.*
  - *Je veux savoir de quelle taille peut être un pays.*

Pendant la lecture

- Je me demande pourquoi...
  - *Je me demande pourquoi certains pays ont des états.*
  - *Je me demande pourquoi certains pays ont un océan de chaque côté.*
- Qu'est-ce que j'ai appris jusqu'à présent?
  - *J'ai appris qu'il y a 50 états aux États-Unis.*
  - *J'ai appris qu'il y a un océan de chaque côté des États-Unis.*

Après la lecture

- Nomme quelques détails que tu as retenus.
  - *J'ai appris que les pays peuvent être composés de plusieurs états.*
  - *J'ai appris que les pays ont des dirigeants.*
- Lis le livre à nouveau et cherche les mots de vocabulaire.
  - *Je vois le mot* ***pays*** *à la page 3 et le mot* ***président*** *à la page 8. Les autres mots de vocabulaire se trouvent à la page 14.*

J'habite dans un **pays**.

ÉTATS-UNIS

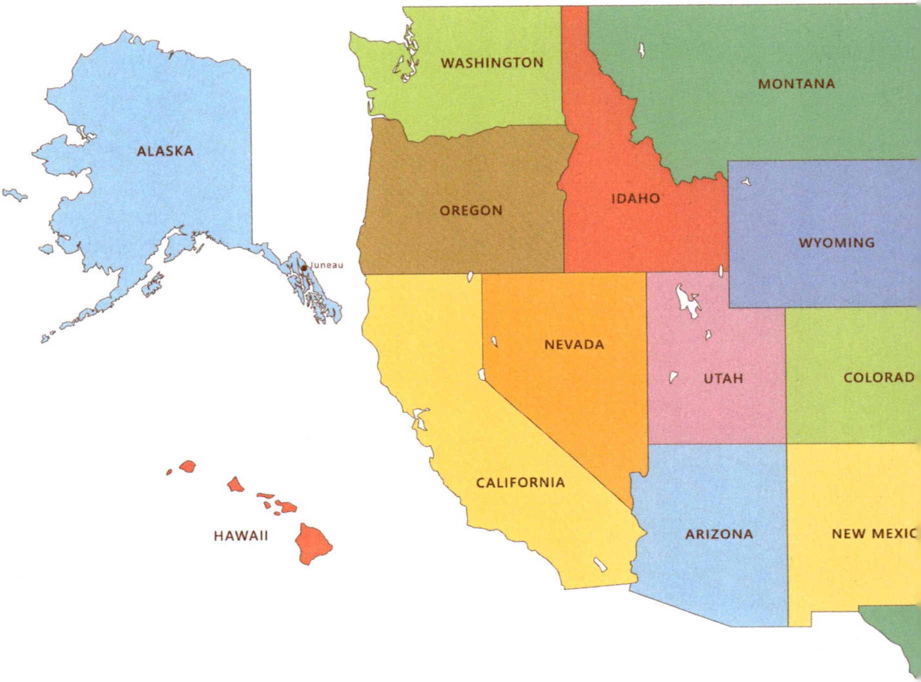

Ce pays s'appelle les **États-Unis**.

Il est composé de 50 **états**.

Il y a un **océan** de chaque côté du pays.

Le **président**
est le dirigeant.

Mon ami habite au **Canada**.

CANADA

Yukon
Territoires du Nord-Ouest
Nunavut
Terre-Neuve-et-Labrador
Colombie-Britannique
Alberta
Saskatchewan
Manitoba
Québec
Île-du-Prince-Édouard
Ontario
Nouvelle-Écosse
Nouveau-Brunswick

C'est aussi un pays.

Liste de mots

Mots courants

au
aussi
ce
chaque
dans
de
est
habite
il y a
le
les
mon
un

La boîte à mots

Canada

états

États-Unis

océans

pays

président

39 mots

J'habite dans un **pays**.

Ce pays s'appelle les **États-Unis**.

Il est composé de 50 **états**.

Il y a un **océan** de chaque côté du pays.

Le **président** est le dirigeant.

Mon ami habite au **Canada**.

C'est aussi un pays.

J'HABITE OÙ?

DANS UN PAYS

CRABTREE
Publishing Company

Autrice : Alicia Rodriguez
Conception : Rhea Wallace
Développement de la série :
James Earley
Correctrice : Janine Deschenes
Conseils pédagogiques :
Marie Lemke M.Ed.
Traduction : Annie Evearts
Coordinatrice à l'impression :
Katherine Berti
Références photographiques :
Shutterstock: makspogonii: couverture; Auna Mozhjer: p. 1; Aneta Lysakova : p. 3, 14; Shooarts : p. 4-5, 14; Nick Fox : p. 7, 14; mccv : p. 9, 14; boreala : p. 11, 14; Hannamariah : p. 12

Crabtree Publishing Company

www.crabtreebooks.com 1-800-387-7650

 Au Canada : Nous reconnaissons l'appui financier du gouvernement du Canada par l'entremise du Fonds du livre du Canada pour nos activités de publication.

Publié aux États-Unis
Crabtree Publishing
347 Fifth Avenue
Suite 1402-145
New York, NY, 10016

Publié au Canada
Crabtree Publishing
616 Welland Ave.
St. Catharines, Ontario
L2M 5V6

Imprimé au Canada/062021/CPC

Catalogage avant publication de Bibliothèque et Archives Canada

Titre: Dans un pays / Alicia Rodriguez ; texte français d'Annie Evearts.
Autres titres: Country. Français.
Noms: Rodriguez, Alicia, auteur.
Description: Mention de collection: J'habite où? | Les racines de Crabtree | Traduction de : Country. | Comprend un index.
Identifiants: Canadiana (livre imprimé) 20210282355 | Canadiana (livre numérique) 20210282398 | ISBN 9781039607286 (couverture souple) | ISBN 9781039607347 (HTML) | ISBN 9781039607408 (EPUB) | ISBN 9781039607460 (livre numérique avec narration)
Vedettes-matière: RVM: États-Unis—Ouvrages pour la jeunesse. | RVM: Canada—Ouvrages pour la jeunesse | RVMGF: Documents pour la jeunesse.
Classification: LCC E156 .R6314 2022 | CDD j973—dc23